AF382314

ACCOMPAGNER UN ENFANT SURDOUÉ

Mieux le comprendre pour permettre son épanouissement

Par Aurélie Dorchy
Sous la direction d'Antonella Delli Gatti

50MINUTES.fr

Si mon enfant est surdoué, ses parents et frères et sœurs
le sont-ils aussi forcément ?

Dois-je m'inquiéter
si mon enfant ne fréquente que d'autres enfants
surdoués ?

Lorsque l'on est surdoué, est-on forcément sujet à la
dépression ?

POUR ALLER PLUS LOIN 75

ACCOMPAGNER UN ENFANT SURDOUÉ

MIEUX LE COMPRENDRE POUR PERMETTRE SON ÉPANOUISSEMENT

- **Problématique ?** À première vue, on peut penser qu'avoir un enfant surdoué simplifie la vie. En réalité, il en va tout autrement. En effet, bien souvent, derrière le concept d'enfant surdoué se cache toute une série de problématiques qui se vivent au quotidien et qui concernent aussi bien l'enfant que son entourage.
- **Objectifs ?** Mieux comprendre ce qu'est la douance afin d'être en mesure d'accompagner au mieux votre enfant surdoué dans la vie de tous les jours, à la maison comme à l'école, pour qu'il puisse pleinement s'épanouir dans sa différence.
- **FAQ**
  - Quelles sont les étapes à suivre pour diagnostiquer mon enfant ?
  - Quelles sont les différentes pédagogies et

alternatives à l'école ?
- ◦ Quels sont les signes permettant de repérer un enfant à haut potentiel ?
- ◦ Dois-je absolument recourir à un accompagnement psychologique pour mon enfant ?
- ◦ Si mon enfant est surdoué, ses parents et frères et sœurs le sont-ils aussi forcément ?
- ◦ Dois-je m'inquiéter si mon enfant ne fréquente que d'autres enfants surdoués ?
- ◦ Lorsque l'on est surdoué, est-on forcément sujet à la dépression ?

Toutes sortes de termes désignent aujourd'hui les surdoués ; bien qu'ils aient chacun leur nuance, ils font souvent polémiques. Actuellement, pour les plus jeunes (les enfants de moins de 16 ans), un consensus existe autour de la désignation « enfant à haut potentiel » (HP).

Quel que soit le nom que la société lui donne, cet enfant souffre encore régulièrement de la confusion qui règne entre « surdoué » et l'image du « génie » qui sait tout, véhiculée par les préjugés, les médias, voire certains films célèbres (tels que *Un homme d'exception* en 2001, *Le prodige* ou encore *Le Tournoi*, tous deux sortis en 2015).

Or, la réalité est beaucoup plus subtile. En effet, la douance est bien plus qu'un QI (quotient intellectuel) supérieur à 130 ; c'est aussi un ensemble de caractéristiques comportementales et émotionnelles qui font la différence au quotidien. Un enfant surdoué ressent tout plus intensément que les autres tandis que son fonctionnement diffère sur de nombreux plans, ce qui a un impact non négligeable sur tous les aspects de sa vie, notamment sur les relations qu'il entretient avec les autres.

Vous qui pensez avoir un enfant surdoué ou qui en avez la confirmation, vous vous posez probablement de nombreuses questions. Vous voilà dépassé(e) par l'énergie que son éducation demande.

Comment répondre à ses questions existentielles, trouver une école ouverte sur la question, dépasser la peur d'être jugé(e) prétentieux/prétentieuse par les autres parents ou encore, faire face aux jalousies au sein de la fratrie ?

En apprenant à connaître les surdoués et les outils disponibles, vous pourrez adapter l'éducation que vous désirez donner à votre enfant et, surtout, l'accompagner au mieux tout au long de son enfance et de son adolescence. Il pourra ainsi libérer tout son potentiel tout en se sentant soutenu et moins en décalage avec les autres.

ÊTRE UN ENFANT SURDOUÉ, C'EST « ÊTRE » COMMENT ?

TOUS DIFFÉRENTS, OU PRESQUE...

Bien qu'ils soient tous singuliers, avec leur caractère, leurs jeux préférés et leurs difficultés, les enfants dits « à haut potentiel » se reconnaissent par une série de particularités que nous allons tenter de mettre en exergue. Vous devriez assez aisément les observer chez votre enfant.

Si vous soupçonnez que votre enfant est surdoué et qu'il présente quelques caractéristiques communes (au moins trois), vous pourriez envisager d'aller plus loin dans la démarche de reconnaissance de la douance. Ainsi, si vous constatez l'une ou l'autre caractéristique présentée dans cette fiche, cela ne signifie pas *de facto* que votre enfant est surdoué ; ces indices sont à analyser avec une grande prudence.

De manière générale, chez les tout petits, les parents ont l'impression de devoir suivre l'enfant plutôt que l'inverse. En effet, l'enfant cherche fréquemment à attirer l'attention de ses parents sur ce qui l'entoure en posant des questions déconcertantes pour son âge.

Il est aussi attiré par de nombreuses activités et passe de l'une à l'autre rapidement, non parce qu'il s'ennuie vite, mais parce qu'il a envie d'explorer et que chez lui, une idée en entraînant une autre, il fait des liens qui peuvent parfois nous échapper. L'enfant est très vif, observateur et dort plutôt mal. Plus typiquement, il se met à parler très tôt – ou tardivement, mais dans un très bon niveau – et à marcher précocement (il marchera par exemple autour de ses 1 an et/ou parlera avant ses 2 ans).

Plus tard, un enfant surdoué vous surprendra peut-être par une exacerbation des émotions qu'il éprouve, doublée d'une plus grande stimulation des cinq sens. L'enfant surdoué est par exemple gêné par un volume sonore considéré comme normal par les autres. Il remarque aussi davantage de détails (la vue), cherche beaucoup plus à comprendre ce qui l'entoure en touchant les objets ou en mémorisant des odeurs qui échappent à d'autres.

Sa sensibilité sensorielle est exacerbée à un point tel qu'il peut détester le contact de certaines matières. Dès lors, les situations que vous acceptez aisément peuvent au contraire prendre beaucoup plus d'ampleur chez votre enfant, qui ressent tout avec plus d'intensité que les autres ; aussi peut-il sembler faire une montagne de choses anodines, telles qu'une odeur qui le dérange ou un vêtement trop ajusté. Ressentir beaucoup et beaucoup trop fort, voilà ce qui fait le quotidien d'un surdoué.

Vous lui reconnaissez certainement une grande empathie et un sens aigu de la justice. De plus, vous ne comptez plus le nombre de fois où il vous a posé des questions existentielles que vous avez peut-être préféré éluder.

Très performant, l'enfant surdoué utilise très tôt un vocabulaire riche. Il se montre très curieux, s'intéresse sans cesse à toutes sortes de sujets en même temps et réfléchit très vite. Ce qui en ressort, c'est qu'il a la réponse aux questions qu'on lui pose, mais qu'il ne sait pas retracer tout son cheminement de pensée pour expliquer comment il a trouvé cette réponse ; ainsi, chez votre enfant, l'intuition prédomine nettement.

Ce qui caractérise également plus spécifiquement l'enfant surdoué, c'est une façon de raisonner bien particulière que l'on qualifie de « pensée en arborescence ». Qu'est-ce que ce concept signifie ?

Les pensées que vous avez actuellement découlent logiquement des pensées que vous avez eues précédemment. Or, dans le cas de la pensée en arborescence, le raisonnement se construit de manière analogique. Cela signifie que lorsqu'il pense, l'enfant passe facilement d'un objet à un autre, et puis encore à un autre, tout simplement à cause d'un élément de comparaison, une similitude ou un rapport quelconque qui existe entre les différents objets ou concepts, ce qui le fait souvent dériver de ce à quoi il pensait au départ. De plus, plusieurs idées se présentent spontanément et simultanément ; une idée débouchant sur toute une série d'idées apparentées, avec des liens parfois peu évidents pour tout un chacun.

Pour exemplifier notre propos, nous vous présentons deux schémas.

- Le premier schéma permet de visualiser le cheminement d'une pensée qui se déroule de manière « habituelle ». Une personne pense à son chien qu'elle doit faire garder. Elle cherche alors directement une solution et réfléchit ensuite à la manière d'agir.

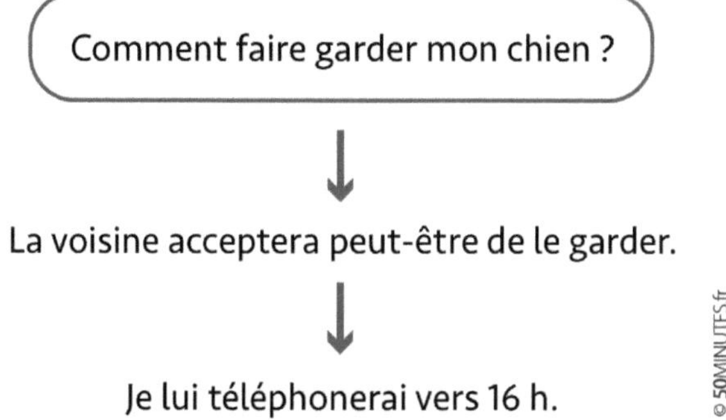

- Le second schéma représente le cheminement d'une pensée qui se déroule de manière analogique. La question de départ est la même que précédemment ; à partir de cette question initiale, par analogie, d'autres sujets viennent se greffer simultanément sur le premier. Cela part littéralement dans tous les sens, même s'il y a toujours un lien – bien qu'il ne soit pas toujours évident – avec la question d'origine.

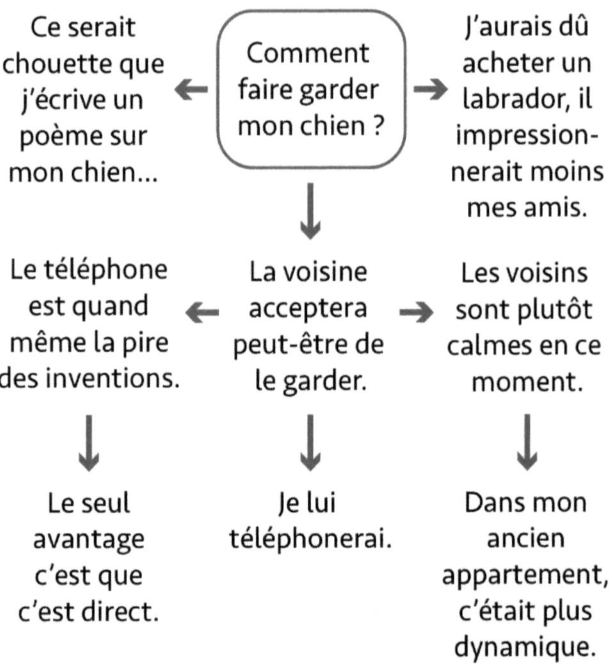

L'enfant surdoué, vous l'avez constaté par vous-même, est dès lors souvent un peu difficile à suivre ! À ce type de pensée spécifique vient s'ajouter le fait que lui-même se sent probablement en décalage et doit en permanence s'adapter à son entourage.

À tous ceux qui s'étonnent de sa manière de raisonner ou du fait qu'il semble s'éparpiller, il est régulièrement amené à fournir une explication qu'il peut avoir du mal à formuler. Cela peut être épuisant de toujours avoir à s'expliquer. Trouver sa place dans un groupe de pairs peut alors s'avérer un peu plus compliqué. Ainsi, le surdoué se tourne fréquemment vers des personnes plus âgées, comme des instituteurs avec lesquels il discute pendant les récréations par exemple. Il lui faut souvent attendre de rencontrer d'autres surdoués pour ressentir un certain soulagement.

Bien entendu, au-delà de toutes les caractéristiques communes que nous venons d'aborder, il n'en reste pas moins que chaque enfant est un individu à part entière avec un tempérament, des goûts et un parcours bien à lui.

L'IMPORTANCE DU DIAGNOSTIC

Une reconnaissance

Vous hésitez peut-être à passer le cap du diagnostic, alors que vous soupçonnez votre enfant d'être surdoué, sur la base d'une série d'indices. Les raisons pour lesquelles vous ne passez pas à l'action peuvent être très variées et compréhensibles : vous avez peut-être peur que l'on croie que vous surestimez votre enfant justement parce que c'est le vôtre, votre partenaire ne prend pas ce sujet au sérieux, vous craignez de bouleverser la vie de votre enfant et de l'exposer aux moqueries de ses camarades, vous avez entendu de mauvaises expériences dans votre entourage, etc.

Pourtant, en le faisant diagnostiquer, vous offrez plutôt une possibilité à votre enfant de mieux se comprendre, vous lui permettez de mettre un mot sur le phénomène qu'il vit au quotidien et de mieux le vivre. Une compréhension accrue de ce que l'on vit a souvent pour effet de soulager les tensions ressenties.

A contrario, en l'absence de diagnostic, l'enfant surdoué risque de passer de nombreuses années à se questionner sur son identité et, peut-être, à souffrir d'anxiété ou de dépression, n'ayant pas appris à gérer son sentiment de décalage avec la société.

> « J'ai toujours été différente des autres personnes. C'était quelque chose que je ressentais au quotidien, mais je n'osais pas passer le cap du diagnostic. J'avais peur que le test soit négatif, que je me sois trompée. En plus, je ne pouvais pas en parler avec mon entourage, car il ne comprendrait peut-être pas pourquoi je veux être étiquetée comme un zèbre [terme usité couramment pour désigner une personne surdouée]. Finalement, des amis, que je soupçonne aussi d'être des zèbres, m'ont convaincue de passer le cap ; faire le test m'a complètement soulagée et cela m'a beaucoup aidée de savoir que ce que je vivais avait un nom, que je n'avais pas à tout changer chez moi pour être normale. Dommage que je n'aie pas passé le test quand j'étais enfant. » (Éline, 54 ans)

Diagnostiquer : oui, mais comment ?

Le diagnostic se fait sous la supervision d'un psychologue spécialisé. Ne vous contentez pas de simples suspicions de votre part et ne recourez pas à un test de QI disponible sur Internet, ce qui pourrait conduire à une erreur de diagnostic et à mettre en place une prise en charge qui ne soit pas adaptée à votre enfant.

En effet, le spécialiste ne va pas se contenter des quelques questions que l'on retrouve régulièrement dans les tests de QI vulgarisés : il va procéder à une étude globale de votre enfant en organisant, en plus du test psychométrique, un test de personnalité et en observant l'attitude de votre enfant pendant qu'il répond aux questions du test.

Le test de QI traditionnellement utilisé lors du diagnostic (mais qui ne suffit pas à lui seul) a été mis au point par le psychologue David Wechsler (1896-1981) à la fin des années 1930. Il se décline en plusieurs versions, adaptées à l'âge du patient. En effet, les connaissances ne sont pas les mêmes durant la petite enfance et les étapes ultérieures de développement. Il faut obtenir un QI de 130 et plus pour être reconnu comme étant surdoué, tout en prenant en compte les autres éléments repérés lors du bilan psychologique établi par le spécialiste.

Prenez néanmoins en considération le fait que les résultats du test peuvent être biaisés par la manière dont se sent l'enfant au moment où il le passe. Ceci sera pris en compte par le psychologue qui l'accompagne. Sachez aussi que d'autres formes d'intelligence sont délaissées par un tel bilan et qu'un QI moindre ne signifie pas que votre enfant soit « bête » ou « incapable ».

Une fois le diagnostic posé, vous serez mieux à même de comprendre ce que cela implique pour votre enfant d'être surdoué. Il vous sera également plus facile alors d'adapter l'environnement quotidien aux besoins plus spécifiques de votre enfant. Le psychologue est bien entendu votre allié et il peut vous aider à mettre en place des « stratégies » pour valoriser les points faibles et les points forts de votre enfant et adapter l'éducation que vous souhaitez lui offrir.

LES HP ET LEURS REPRÉSENTATIONS SOCIOCULTURELLES VARIÉES

La douance et ses spécificités ne laissent pas indifférent. Comme toutes thématiques sociétales qui interpellent, elle ne manque pas de véhiculer son lot d'idées reçues. Nos représentations sur le sujet sont ainsi influencées par ce « bain socioculturel » dans lequel nous vivons. Si dans certains cas, cela aide à mieux appréhender ce qu'est la douance, certaines idées et représentations ne facilitent pas toujours la compréhension des enfants surdoués.

Les mythes persistants sur les surdoués

En plus de devoir s'adapter au monde qui l'entoure, votre enfant surdoué est confronté à des mythes persistants à son sujet et au sujet de ses parents, qu'il devra affronter.

Nombreux seront ceux qui associeront « surdoué » et « génie » et ne comprendront dès lors pas pourquoi ces enfants échouent aux interrogations. Il est pourtant admis aujourd'hui qu'un tiers des surdoués se trouve en situation d'échec (voir <u>Un parcours plus ou moins difficile</u>).

Une autre idée souvent véhiculée sur les enfants surdoués concerne ses parents : ils mettraient la pression sur leurs enfants ! Or, s'il est vrai que certains parents peuvent le faire – en ayant de grandes attentes en termes de performance –, ceci n'est en rien l'apanage des parents d'enfants surdoués. En revanche, il est vrai que les spécificités de leurs enfants poussent ces parents à tenter de les aider à s'adapter au mieux à la société et à être heureux comme tels, sans prétention. Ils sont dès lors souvent amenés à être plus présents durant la scolarité de leurs enfants et tentent de faire en sorte que leur enfant apprenne à travailler pour réussir.

Les difficultés relationnelles des parents avec l'entourage peuvent aussi provenir d'une certaine forme de jalousie que la douance peut provoquer chez certaines personnes. La douance de l'enfant pourra, par exemple, vous être reprochée, à vous les parents, comme suit : très ambitieux/ambitieuse, voire plus riche, vous avez toujours poussé votre enfant à se surpasser et à être meilleur en tout.

Ces mythes persistants sont bien souvent à l'origine de l'hésitation des parents à dire autour d'eux que leur enfant est surdoué, de peur de passer pour des parents prétentieux. Ils n'osent pas proposer le diagnostic, contacter l'institutrice ou l'instituteur et se sentent encore moins légitimes d'en parler en famille.

Enfin, les surdoués ne peuvent pas se passer des adultes dans leur développement, contrairement à ce que véhiculent les croyances populaires. Un quotient intellectuel élevé et une précocité avérée dans plusieurs domaines ne signifient pas que l'enfant soit mature et à même de gérer ses émotions. En tant que parent d'un enfant surdoué, voire comme enseignant, vous vous devez d'être présent(e) à ses côtés et de l'aider à s'épanouir en classe tout comme dans la vie de tous les jours.

Les surdoués dans la culture cinématographique et littéraire

Dans la culture cinématographique, les surdoués ainsi que certains profils atypiques sont plutôt présents, même s'ils incarnent souvent des génies ultraperformants dans une matière particulière, comme les mathématiques ou les échecs, avec des films comme *Le Tournoi*, réalisé par Élodie Namer (réalisatrice et scénariste française, née en 1978) où le héros est un formidable joueur d'échecs.

Dans d'autres films, des personnes à haut potentiel sont recrutées par de grandes institutions pour remplir des missions dangereuses. Par exemple dans *Code Mercury* (1998), réalisé par Harold Becker (réalisateur et producteur américain, né en 1928), un petit garçon autiste de 9 ans est protégé par le FBI (Federal Bureau of Investigation) parce qu'il a su décrypter un code de la NSA (National Security Agency) et le concepteur de ce dernier, un certain Krudow, souhaite éliminer le surdoué pour protéger son code.

Ces films se fondent parfois sur les stéréotypes liés aux surdoués et sont loin de représenter la réalité de tous les jours. Néanmoins, certains évoquent des caractéristiques plus fines de la douance : sentiment de décalage, isolement, intuition, intérêt marqué pour certains sujets et question de la performance.

Ainsi, vos enfants apprécieront peut-être *Vitus, l'enfant prodige* (2006) de Fredi M. Murer (réalisateur, acteur et scénariste suisse, né en 1940) et *Le Petit homme*, réalisé par Jodie Foster (actrice, réalisatrice et productrice américaine, née en 1962) en 1991 ou, plus récemment, *L'Extravagant Voyage du jeune et prodigieux T. S. Spivet* (2013) par Jean-Pierre Jeunet (réalisateur et scénariste français, né en 1953).

Ces films montrent notamment comment les enfants surdoués arrivent à nous toucher à travers leur personnalité, les relations particulières qu'ils vivent avec les autres enfants ou les adultes. Ils sont ainsi intéressants à visionner en famille, que ce soit pour mieux comprendre votre enfant ou pour que celui-ci puisse s'identifier à des personnages susceptibles de lui ressembler.

La bande dessinée n'est pas en reste et aborde régulièrement ce thème.

- Le huitième tome de la série *Jojo, Monsieur je-sais-tout* d'André Geerts (créateur belge de bandes dessinées, né en 1955), éditée chez Dupuis, raconte l'histoire d'un petit enfant ordinaire qui, après avoir reçu un coup sur la tête, devient un génie. Il est capable de citer des tas de données très précises sans savoir d'où elles proviennent. Il s'habille d'une cape sophistiquée, qui le maintient à l'écart des autres, et participe bientôt à une émission télévisée réservée aux génies, encadré par ses professeurs. Bien entendu, sa mamy, chez qui il vit, est très inquiète pour lui.

- D'autres bandes dessinées racontent la vie de surdoués, en particulier *Alyssa*, d'Isabelle Bauthian (scénariste de bandes dessinées française, née en 1978), Rebecca Morse (illustratrice de bandes dessinées française, née en 1983) et Virginie Blancher (illustratrice de bandes dessinées française), parues aux Éditions Soleil. C'est l'histoire d'une adolescente qui fait tout pour être acceptée parmi ses amis en paraissant « normale » et branchée, alors qu'elle est surdouée.

- Citons aussi *Mafalda*, de Quino (scénariste et dessinateur de bandes dessinées argentin, né en 1932), petite fille qui pose sans cesse des questions existentielles, déboussolant ainsi ses parents qui vaquent à leurs occupations de tous les jours et ne s'attendent jamais aux réflexions de leur enfant.

Pour vous aider à repérer les films à voir ou les bandes dessinées à lire, n'hésitez pas à utiliser ces petites listes, que vous pourrez compléter au gré de vos découvertes.

Films	BD
• *Vitus, l'enfant prodige* • *Le Petit Homme* • *L'Extravagant Voyage du jeune et prodigieux T.S. Spivet*	• *Jojo, Monsieur je-sais-tout* • *Alyssa* • *Mafalda*
Romans en littérature jeunesse	**Romans en littérature générale**
• *Matilda*, de Roald Dahl • *Le Bizarre Incident du chien pendant la nuit*, de Mark Haddon • *Zacchary, l'ourson précoce*, de Lenia Major	• *Louis Lambert*, d'Honoré de Balzac • *La Solitude des nombres premiers*, de Paolo Giordano • *Des fleurs pour Algernon*, de Daniel Keyes • *Chagrin d'école*, de Daniel Pennac

Demandez à votre enfant ce qu'il a pensé des personnages, s'il s'identifie ou non et pourquoi. Ce sera pour vous, parents, un moment privilégié pour mieux le connaître, sans le juger, tandis que ce sera l'occasion, pour votre enfant, de s'exprimer sur ce qu'il ressent.

UN PARCOURS PLUS OU MOINS DIFFICILE

Selon les personnes, être surdoué est plus ou moins bien vécu. Pendant que les uns profitent de leurs talents et les font fructifier, les autres sont accablés par l'effort d'adaptation que cela leur demande au quotidien. Ainsi, un encadrement insuffisamment adapté ou des difficultés relationnelles avec les enfants de leur âge peuvent faire souffrir les surdoués, qui se sentent seuls et incompris ; alors que dans d'autres familles, l'enfant surdoué trouve naturellement sa place.

Bien entendu, « être surdoué », ne signifie pas tout ; votre enfant a, comme les autres, sa propre personnalité, son tempérament et des difficultés à gérer certaines situations, qui sont notamment fonction du contexte dans lequel il vit.

Parmi les enfants surdoués, certains ne supportent pas d'être différents de leurs camarades. Ils ont d'ailleurs remarqué qu'en participant trop activement en classe, ils étaient moqués et traités d'« intellos ».

Aussi n'est-il pas très étonnant de voir que l'enfant surdoué se renferme sur lui-même. Cela se renforce même en secondaire, à l'heure de l'adolescence. L'enfant se sabote et joue le caméléon pour qu'on ne devine pas sa particularité. On parle alors « d'inhibition intellectuelle ». L'enfant ne développe pas ses capacités et préfère se fondre dans la masse et se conformer à une norme.

Dès lors, on a un enfant qui s'efface, voire qui se retrouve en situation d'échec. Personne ne soupçonne sa douance et vous craignez que personne ne vous croie si vous dites que votre enfant est surdoué. Pourtant, s'il est né avec cette particularité, soyez sûr(e) qu'elle n'a pas disparu.

Lorsque l'on se sent différent des autres, que l'on soit surdoué ou non, il est fréquent de mal le vivre. Ce mal de vivre au quotidien peut dès lors quelque peu le rendre plus fragile : il n'est donc pas rare que certains troubles de l'humeur tels que la dépression puissent plus aisément émerger.

Dans une moindre mesure, l'enfant surdoué peut être de nature anxieuse, surtout qu'il se pose sans arrêt des questions existentielles et qu'il ressent tout avec beaucoup d'intensité. Dès la petite enfance, il peine à s'endormir, souffre parfois de troubles de l'alimentation et de démangeaisons.

Ses relations difficiles avec l'entourage peuvent le mener à un isolement important ainsi qu'à de l'agressivité. Celle-ci ne vient pas de nulle part ; au contraire, elle apparaît progressivement, lorsque l'enfant s'est trop souvent senti différent, mal compris par son entourage, lorsqu'il a dû régulièrement réprimer ses ressentis, pourtant légitimes, face à un système scolaire peu adapté. Toutes les émotions qu'il doit gérer au quotidien, souvent très vives du fait de son hypersensibilité, s'amoncellent, entraînant par là même une plus ou moins grande frustration.

Dans certains cas, ce bouillonnement émotionnel peut déboucher sur des passages à l'acte agressifs. L'enfant peut aussi finalement se montrer hostile envers un environnement qu'il perçoit comme responsable de sa différence ou de son ennui en classe. Dans les deux cas, le comportement agressif peut être compris comme une forme d'exutoire à toute la frustration accumulée.

> « Certains enfants surdoués qui sont dans des classes doubles [qui regroupent deux années différentes] sont vite intéressés par ce qui est vu dans l'année supérieure et répondent déjà aux questions de l'enseignant. Ils comprennent assez vite, apprennent plus vite. Au niveau du comportement, certains enfants sont plutôt turbulents, car les matières vues leur paraissent trop faciles. De plus, comme ils ont vite le déclic, ils travaillent bien et rapidement donc terminent tôt les différentes tâches qui leur sont données. Beaucoup de choses leur paraissent évidentes. » (Alice, 24 ans)

À noter qu'il arrive aussi parfois que certains surdoués présentent également un trouble du développement tel que l'autisme, ou une forme de handicap comme la surdité. Dans de tels cas, s'entourer de divers professionnels de la santé mentale est indispensable.

COMMENT ACCOMPAGNER UN ENFANT SURDOUÉ AU QUOTIDIEN ?

Être parent d'un enfant surdoué, c'est être un parent comme les autres, même s'il y a des spécificités propres à l'enfant surdoué à prendre en considération. Nous allons aborder à présent trois thèmes en particuliers qui méritent toute votre attention.

FAVORISER SON ÉPANOUISSEMENT INTELLECTUEL

Aider l'enfant surdoué à développer l'étendue de son potentiel intellectuel n'est pas toujours chose aisée.

Plusieurs questions se posent : doit-il sauter une année scolaire ou pas ? Faut-il faire le choix d'une école spécialisée ? Existe-t-il des méthodes qui peuvent aider l'enfant surdoué dans son apprentissage ? Autant de questions auxquelles nous allons tenter de répondre en vous ouvrant à la réflexion !

Sauter une classe ou pas ?

Une fois le diagnostic posé, proposer à l'enfant surdoué de passer une classe peut vous sembler être une première solution à mettre en place. Si possible, envisagez-le au tout début de sa scolarité. Il vous faut pour cela entrer en contact avec les enseignants, leur expliquer la situation et vous mettre d'accord sur la manière de procéder.

Veillez à ne pas brusquer les instituteurs, surtout s'ils ne sont pas sensibilisés sur la question. Demandez-leur s'ils ont remarqué quelque chose au sujet de votre enfant et s'ils ont des pistes pour assurer son intégration au sein de la classe. S'ils semblent à l'écoute, donnez-leur quelques indications sur certaines spécificités de votre enfant, parlez-leur de son comportement à la maison et de la manière dont il ressent ses journées à l'école. Cela permettra aux professeurs de s'adapter lorsqu'ils donnent des explications ou prévoient des activités en classe.

Si votre enfant est admis dans la classe supérieure, ne pensez pas que les choses vont tout simplement suivre leur cours. Il aura très certainement besoin de votre appui pour s'habituer à de nouvelles têtes et de nouvelles matières. Prenez aussi la peine d'interroger votre enfant sur ses ressentis. Il préfère peut-être rester avec ses copains de classe, plutôt que de devoir se réadapter au niveau supérieur. Chaque cas est unique !

S'il n'est pas possible d'adapter l'école au cas de votre enfant, c'est celui-ci qui va devoir s'y adapter, sous peine de se sentir exclu. Ceci est une réalité qu'il faut pouvoir considérer, lorsque tout dialogue avec le corps enseignant s'avère être vain. Il faut alors davantage parler avec son enfant au quotidien pour savoir comment il se sent après l'école et réfléchir à de possibles adaptations à la maison ou à l'extérieur pour qu'il puisse s'épanouir au mieux.

Une autre solution est de partir à la recherche d'une école plus à l'écoute, qui propose une pédagogie adaptée et des projets spécifiques dans lesquels votre enfant pourra s'investir et s'épanouir. Cela ne signifie pas qu'il faille chercher une école spécialisée ; celles-ci sont plutôt rares et d'autres stratégies sont possibles.

Concrètement, n'hésitez pas à entrer en contact avec les écoles avant toute inscription afin de demander s'ils ont une pédagogie adaptée pour les enfants surdoués, consultez leur site internet, interrogez des familles dans le même cas que vous et demandez de la documentation auprès des institutions spécialisées dans l'éducation et l'enseignement, qui diffèrent d'un pays à l'autre.

Goût de l'effort et cadre précis

Passer une classe soulagera peut-être votre enfant sur certains points, mais ne résoudra pas tout. Le risque qu'il s'ennuie existera tout au long de sa scolarité.

Ce qu'il faut à tout prix éviter, c'est que votre enfant délaisse ses cours et refuse de s'investir dans les devoirs et les interrogations à préparer. Au contraire, il faut qu'il continue à être motivé et qu'il apprenne le goût de l'effort, afin d'être prêt à s'engager dans des études plus poussées. Il est fréquent que les enfants surdoués se reposent sur leurs acquis et croient pouvoir s'en sortir en classe sans faire d'efforts. Cela peut arriver qu'il réussisse haut la main sans étudier à certaines occasions, mais cela ne pourra pas être le cas tout le temps. Par ailleurs, ils peuvent être rebutés par certaines formes d'apprentissage comme le « par cœur » et les rejeter complètement, alors qu'elles sont pourtant exigées par le corps enseignant, même à l'université.

Bien qu'apprendre par cœur puisse lui sembler rébarbatif à première vue (car cette forme d'apprentissage ne stimule pas sa curiosité), faites comprendre à votre enfant que la répétition favorise la mémoire à long terme. Offrez un cadre précis à votre enfant dans lequel il puisse fournir un effort bien délimité et mesurable dans le temps. Choisissez par exemple un lieu agréable et calme pour l'étude et proposez 50 minutes de travail, voire 25 minutes de travail entrecoupées de 10 minutes de pause pour rester concentré. Montrez fermement que vous êtes celui ou celle qui décide et dites-lui brièvement pour quelle raison vous désirez qu'il s'investisse.

Ainsi, vous constatez peut-être que ce qui ennuie le plus votre enfant, ce sont les activités de mémorisation pure. N'hésitez pas à lui proposer des manières ludiques d'apprendre de telles leçons à travers quelques moyens mnémotechniques simples : vous pouvez associer des couleurs et des gestes aux mots à retenir par exemple, ou l'inscrire à des exercices en ligne.

- **L'anecdote.** Pour retenir une information, l'associer à une anecdote tirée de sa propre histoire ou en inventer une pour l'occasion peut être une méthode efficace. Par exemple, pour retenir les différentes batailles de Napoléon Ier (empereur des Français, 1769-1821) imaginez une histoire reprenant les mêmes lieux et dates et rajoutez-y des événements imaginaires : à la bataille de Toulon (Var) en 1793, Napoléon perdit tous ses boutons, à celle de Montenotte (Italie) en 1796, on lui mit les menottes, etc. Bref, mettez en situation, faites des rimes, etc.
- **Le mouvement.** Pour vivre l'information (et ainsi faciliter sa mémorisation), la mettre en mouvement, que ce soit par des gestes faits avec les bras ou les mains ou par la danse.
- **La couleur.** Cela parlera particulièrement à ceux qui connaissent la synesthésie, c'est-à-dire à ceux qui associent tout naturellement des lettres à des couleurs, des chiffres à des

sons, etc. N'hésitez pas à attribuer une couleur à des notions, selon la sensibilité de votre enfant.

- **L'humour.** Tournez en dérision ses cours et imaginez des blagues à partir d'eux en usant de toute la palette de l'humour : imitation, calembours, ironie, etc.
- **L'association d'images.** Mettre à contribution sa pensée analogique pour associer des images qui nous parlent à des notions plus abstraites, par exemple. Pour expliquer la photosynthèse, la représenter avec un filtre à café qui absorbe de l'eau, des panneaux photovoltaïques qui reçoivent la lumière du soleil, des poumons qui se remplissent d'air, un liquide qui traverse une paille (la sève), etc.

L'enfant peut gérer ces outils seul lorsqu'il a compris l'idée. S'il semble perdu devant une leçon, le parent peut lui rappeler quelques astuces et le lancer sur la bonne voie. Tout dépend de l'enfant : certains se débrouillent seuls une fois qu'ils ont les clés en main, d'autres demandent plus d'encouragements et de présence.

Un outil au quotidien : la technique de la gestion mentale

Votre enfant rencontre de nombreuses difficultés à l'école, mémorisant avec peine les données et procédés qui lui sont enseignés, butant sur les opérations qu'il doit effectuer ou collectionnant les échecs dans certaines matières. Face à ce constat, vous ne savez pas comment l'aider. Pire, vous pouvez ressentir une certaine frustration à son égard parce qu'il ne réussit pas à faire mieux, alors qu'il possède les capacités intellectuelles suffisantes.

Peut-être pourriez-vous envisager de recourir à une méthode élaborée par Antoine de la Garanderie (pédagogue français, né en 1920), appelée la « gestion mentale » et qui a connu son apogée dans les années 1990. Mise de côté quelque temps, cette branche de la psychologie revient progressivement à l'ordre du jour.

La gestion mentale repose sur un dialogue pédagogique mené avec un professionnel dont l'objectif est de mettre à jour les habitudes cognitives d'une personne. Il ne s'agit pas de tester celle-ci, mais de la questionner, afin de construire son profil pédagogique, qui lui permettra de mieux se connaître.

Une fois qu'elle connaît son fonctionnement, la personne peut commencer à apprendre les cinq gestes mentaux qui lui permettront de mieux vivre sa douance : l'attention, la mémorisation, la compréhension, la réflexion et la créativité, cinq concepts qui contiennent eux-mêmes plusieurs spécificités. Il s'agit :

- d'accorder de l'attention au monde qui nous entoure ;
- de savoir comment mémoriser et dans quel but ;
- de confronter de nouvelles informations à celles déjà intégrées ;
- de réfléchir à ce que l'on apprend ;
- d'inventer du neuf là où il y a de l'absence.

Grâce à la gestion mentale, vous saurez si vous êtes plutôt auditif, visuel ou tactile et, surtout, des outils vous seront proposés pour que vous puissiez utiliser chacun de ces canaux senso-riels pour tendre davantage vers la réussite.

Cette méthode peut être un appui très intéressant pour repérer des schémas d'apprentissage qui se reproduisent depuis longtemps, en vain, sans n'être jamais remis en question et pour apporter de nouvelles façons d'apprendre, que la personne peut s'approprier progressivement.

Aussi, votre enfant saura quels moyens mettre en œuvre pour apprendre ses leçons, avec des supports qui lui sont adaptés, des buts qu'il aura su mieux définir et une autonomie plus grande.

L'ÉPANOUISSEMENT RELATIONNEL : VERS DES RELATIONS SOCIALES APAISÉES

Un enjeu important lorsque l'on est parent d'un enfant surdoué est de permettre à celui-ci de développer un réseau de pairs, de s'investir dans les relations sociales.

- Entrer en relation avec son entourage n'est pas toujours évident pour l'enfant surdoué, qui a tendance à éviter ses camarades de classe, préférant la compagnie de personnes plus âgées. Plusieurs raisons ont pu amener à cette situation, de l'enfant hypersensible qui devient la cible de moqueries à celui qui est lassé de devoir toujours se justifier pour ses comportements bien à lui. Dans certains cas, il peut être profitable à l'enfant de parler de sa douance à ses camarades de classe (et pas uniquement aux professeurs). Tout dépend évidemment de l'enfant, du professeur et de la classe. Dans d'autres cas, il suffira peut-être de donner quelques explications si des enfants se posent des questions, ou si les adaptations mises en place pour l'élève surdoué sont très visibles. Le professeur peut éventuellement demander si d'autres enfants comprennent mieux quand il explique une théorie d'une manière adaptée à un surdoué, sous-entendant que d'autres élèves peuvent aussi en profiter.

- Ces difficultés ne doivent évidemment pas être minimisées. Soyez le plus possible à l'écoute de votre enfant en ce qui concerne une possible solitude ou des conflits avec les autres. Votre enfant ne doit pas rester seul avec sa souffrance ; cela lui fera du bien d'avoir votre soutien, même s'il ne le montre pas forcément.
- Mieux que de sous-estimer les problèmes ou de vouloir un peu trop s'impliquer en allant à l'école pour essayer de les régler vous-même,

tentez plutôt une écoute empathique et compréhensive, tout en suggérant quelques idées pour que ses relations s'améliorent.

- Ce que l'enfant surdoué doit bien comprendre, c'est que les jeux que proposent les autres enfants peuvent aussi lui apporter du défoulement, de l'adresse, de la stratégie, etc. Fréquenter des jeunes de son âge lui donnera aussi l'occasion de se confronter à d'autres manières de voir le monde. Cela lui permettra par ailleurs de trouver sa place au sein de sa propre génération et d'évoluer avec elle tout au long de sa vie : avoir des amis, une relation amoureuse, pouvoir travailler avec des collègues du même âge, etc.

- En mettant cela en évidence, l'enfant admettra petit à petit qu'en participant à certains jeux ou en parlant avec d'autres enfants, il s'enrichit lui-même en apportant de nouvelles cordes à son arc. Cela ne l'empêche pas pour autant, lorsqu'il en a besoin, de passer d'autres moments à discuter avec les professeurs ou de lire des livres en bibliothèque, l'idée étant de viser un équilibre qui ne le coupe pas de ses copains de classe. Pour résumer, apprenez-lui qu'il est possible de faire des compromis, qu'il peut tantôt préférer ses activités à lui et tantôt, lorsqu'il sent qu'il en a la force, jouer avec d'autres enfants de son âge et s'intégrer dans son milieu.

- Montrez aussi à votre enfant qu'il peut également proposer des jeux ou des sujets de discussion aux autres enfants. Il n'a pas forcément à garder ses idées pour lui ; d'autres seront peut-être très enthousiastes à l'idée de faire des expériences originales. Évidemment, comme cela arrive dans toutes les relations, tous ne voudront pas forcément être amis avec votre enfant. Cela n'est pas propre aux enfants surdoués de ne pas être accepté dans un groupe. Faites-lui bien comprendre que sa douance n'est pas forcément en cause, sinon, votre enfant risque d'avoir du mal à accepter cet aspect de sa personne.
- Ainsi, votre enfant a besoin de se sentir entouré et de sortir de sa solitude. Demandez-lui de repérer progressivement des jeunes de son âge qui ont une singularité pour qu'il prenne conscience qu'il n'est pas le seul à avoir un fonctionnement un peu à part. En s'ouvrant à ses voisins de table, il apprendra peut-être que l'un collectionne des figurines de personnages

imaginaires et que l'autre vit une situation très difficile à la maison, ce qui ne manquera pas de le rassurer sur sa propre situation.

- Assurez-lui aussi qu'en cas de conflits, il peut toujours se référer à un adulte en qui il a confiance, et qu'il ne vivra pas toujours cette situation difficile.
- Expliquez à votre enfant que rencontrer un problème avec un camarade ne signifie pas que tous les enfants sont pareils et qu'il doit automatiquement s'en méfier. Montrez-lui qu'il peut s'ouvrir aux autres, sans accorder sa confiance à n'importe qui.

EN BREF

- Écouter.
- Être dans une attitude bienveillante.
- Proposer quelques solutions, par exemple pour s'intégrer au sein d'un groupe bien particulier.
- Démontrer que certains jeux sont source d'apprentissages.
- Démontrer que les autres ont aussi leurs particularités cachées.
- Mentionner des adultes de confiance.

- Faire la part des choses, éviter la méfiance automatique.

L'ÉPANOUISSEMENT ÉMOTIONNEL

Comme pour tout un chacun, l'enfant surdoué a un univers intime riche en émotions. Comme nous l'avons évoqué précédemment, la particularité chez l'enfant doué se situe plus au niveau de l'intensité avec laquelle il éprouve ses affects que sur la quantité. Cette intensité est parfois telle qu'il peut avoir la sensation de ressentir en permanence une certaine pression. Voyons comment vous pouvez l'accompagner dans une compréhension plus nuancée de ce qu'il ressent.

Des loisirs qui détendent

L'idée générale est de proposer des activités qui lui permettent d'être au contact de tout ce qui fait la vie en général. N'hésitez pas à favoriser des activités qui l'amènent à exprimer ses émotions et qui lui apprennent à les décoder, comme les jeux de société, les marionnettes, le théâtre, le yoga du rire, l'art-thérapie, les jeux de rôle, l'improvisation, la danse, la Biodanza (une méthode d'intégration affective et émotionnelle grâce au mouvement et à la musique), etc. Dès son plus jeune âge, vous pourrez trouver des jeux consacrés aux émotions dans des magasins spécialisés dans le domaine de l'enfance.

De plus, l'entourage de l'enfant surdoué a souvent tendance à lui demander d'être très performant, alors qu'il a besoin de s'évader comme les autres, et qu'il a le droit à l'échec comme tout un chacun. La vie d'un surdoué n'est certainement pas plus enviable que celle d'un autre.

Pour aider votre enfant à décompresser, pourquoi ne pas lui accorder quelques moments de plaisir pur, s'il en a envie ? Proposez-lui par exemple de passer du temps dans la nature, voire, pourquoi pas, de s'inscrire à des activités originales, comme le yoga du rire. Cette activité, qui se pratique en groupe, invite les participants à alterner des exercices de respiration et de mises en situation qui mènent à un rire forcé. Celui-ci est interprété par le cerveau de la même manière que le rire vrai, et donc la personne bénéficie des mêmes effets de détente et de bien-être que s'il riait vraiment. De plus, le yoga du rire aide à se sentir mieux en groupe, à accepter de se mettre dans des situations ridicules (grimaces) pour savoir rire de soi de manière bienveillante.

L'idée est de permettre à votre enfant de penser un peu à autre chose qu'à des cours ou à des activités demandant d'être performant. Cette fois, le but est uniquement de se dépenser ou de se détendre.

Proposez-lui peut-être également de faire une activité qui lui permette de mettre au jour et de partager sa sensibilité. La musique, le dessin, les activités artistiques en générale peuvent donner cette possibilité à l'enfant surdoué, pour peu que cela ne devienne pas un apprentissage axé sur la performance. L'idée est ici finalement de lui permettre de faire l'expérience que sa sensibilité est également un atout, une richesse pour lui, et non un handicap dans sa vie quotidienne.

Suivre une thérapie

Si malgré ce que nous venons d'aborder, votre enfant reste anxieux et sous tension, n'hésitez pas à vous tourner vers la relaxation et la so-phrologie ; ce sont de bonnes premières pistes pour le soulager quelque peu de ses maux. Ces disciplines permettront à votre enfant de relâcher la tension qui l'habite.

En effet, devoir toujours s'adapter à son entourage peut s'avérer épuisant à la longue. Il est ainsi possible de traiter les problèmes de stress, d'angoisse, de dépression et autres troubles qui empêchent votre enfant de vivre sereinement.

Si l'adaptation est plus difficile, si l'enfant a l'impression que toutes ses interactions sociales sont un échec, s'il n'ose plus aller à l'école et craint les récréations, ou encore s'il cumule les échecs, pourquoi ne pas envisager une psychothérapie ? Certains psychologues sont spécialisés sur la question, voire surdoués eux-mêmes. Si certains surdoués ont préféré avoir affaire à un psychothérapeute lui-même surdoué, ce qui compte véritablement, c'est que votre enfant se sente bien avec lui. Dans le cas contraire, n'hésitez pas à prendre rendez-vous avec d'autres psychologues, afin de choisir celui avec lequel l'enfant pourra se sentir à l'aise et faire un bon bout de chemin. Prenez donc bien en compte le ressenti de votre enfant dans cette démarche.

Quelle que soit la thérapie que vous proposez à votre enfant, cela ne remplace évidemment pas un soutien de la part de tous les membres de la famille si possible. L'enfant a besoin de ressentir votre amour et votre présence au quotidien. Si vous êtes en mesure de le lui apporter, offrez-lui un accompagnement bienveillant qui l'aidera à prendre sa place dans la famille, à oser être comme il est et à en faire de même à l'extérieur.

Vous-même pouvez suivre une thérapie si vous sentez que les difficultés de votre enfant viennent alimenter une certaine anxiété chez vous. Il n'est pas rare en effet que nous nous inquiétions pour l'avenir de notre enfant lorsqu'il rencontre des difficultés, ou encore que cela nous rappelle nos propres difficultés lorsque nous étions plus jeunes. Vous craignez peut-être que votre enfant suive le même chemin semé d'embûches que vous, et l'étouffez par de nombreuses recommandations qui ne se justifient peut-être pas toujours.

CHAQUE ENFANT EST DIFFÉRENT

Malgré tous les conseils disponibles sur la façon de s'occuper d'un enfant surdoué, n'oubliez pas que chaque enfant est différent. Aussi, c'est à vous qu'il revient d'évaluer la situation et de prendre les bonnes décisions.

Comme pour tout, l'influence extérieure nous fait parfois douter de nous. Sachez prendre du recul par rapport à ce que vous lisez et à ce que vous entendez et considérez à la fois vos ressentis et le tempérament de votre enfant pour savoir quoi faire.

Même si c'est vous qui avez le dernier mot concernant l'éducation de votre enfant, pensez régulièrement à lui demander comment il va, sans le juger et tentez de vous intéresser à ce qu'il fait.

Vous pouvez utiliser le tableau ci-dessous pour mettre en évidence les petits et grands soucis que votre enfant peut être amené à vivre au quotidien, la façon dont vous pouvez interagir avec lui ou encore, des points que vous aimeriez discuter avec ses professeurs.

N'hésitez pas à revenir régulièrement vers ce tableau pour constater les améliorations. N'oubliez pas que le but n'est pas de parvenir à une situation parfaite, qui n'existe pas, mais de simplement veiller à un certain équilibre.

Les situations qui se sont améliorées avec mon enfant (ex : il est plus appliqué en classe) :

....

....

....

....

....

Les situations qui posent question avec mon enfant (ex : il ne parle jamais de ses amis) :

....

....

....

....

....

Quel est le moment le plus propice pour une discussion avec mon enfant (ex : le samedi soir, quand il est détendu) ?

....

....

....

....

....

Ces derniers temps, ce qui intéresse mon enfant, c'est (ex : le théâtre) :

....

....

....

....

....

La prochaine fois que je vois l'instituteur de mon enfant, je lui dis (ex : que j'apprécie son implication) :

....

....

....

....

....

SE TOURNER VERS UNE ASSOCIATION

Lorsque vous peinez à trouver des réponses à des questionnements que vous vous posez, n'hésitez pas à vous tourner vers des associations spécifiques à la douance, car il en existe !

Des associations consacrées aux surdoués existent dans de nombreux pays. En Belgique, tournez-vous par exemple vers l'ASBL EHP et vers douance.be ASBL. Leurs sites internet regorgent d'informations sur la façon dont se présente la douance et les façons d'accompagner les jeunes surdoués. Les associations proposent aussi des ateliers et des conférences sur la question. Par ailleurs, des lectures et adresses internet sont listées, voire commentées, afin de pousser l'internaute à aller plus loin dans ses recherches.

Pensez aussi à écumer les blogs et les forums tournant autour des surdoués et des troubles qui peuvent y être associés. Vous ne vous sentirez plus seul et, en plus de pouvoir poser des questions très précises et d'être soutenu, vous pourrez glaner des idées originales pour accompagner vos enfants au quotidien.

FAQ

QUELLES SONT LES ÉTAPES À SUIVRE POUR DIAGNOSTIQUER MON ENFANT ?

La première chose à faire est de repérer chez votre enfant plusieurs caractéristiques propres aux surdoués. Une seule caractéristique ne suffit pas, c'est un ensemble de particularités qui vous mettra la puce à l'oreille.

N'hésitez pas à discuter avec votre enfant : a-t-il l'impression d'être en décalage avec les autres ? A-t-il l'impression qu'il pense d'une manière différente de sa famille, de ses amis ? Comment perçoit-il les choses ? Dans un second temps, si vous envisagez de lui faire passer un diagnostic, prenez le temps de lui expliquer comment cela se passera et à quoi servira le test.

Lorsque la décision est prise, choisissez un psychologue capable de faire passer de tels tests. Vous trouverez des noms sur le site internet des différentes associations de surdoués. Les psychologues de l'école de votre enfant peuvent aussi vous guider, mais ne possèdent probablement pas le bagage et les outils nécessaires pour organiser eux-mêmes de tels tests.

QUELLES SONT LES DIFFÉRENTES PÉDAGOGIES ET ALTERNATIVES À L'ÉCOLE ?

Selon les pays, les initiatives sont différentes. Référez-vous à la documentation disponible en ligne sur le site internet des services publics qui gèrent les matières liées à l'enseignement.

Vous trouverez des informations sur les aménagements qui peuvent être proposés en classe pour les surdoués. Certaines écoles mettent ainsi en place des pédagogies actives. Des projets pourront être proposés par vos enfants, ou alors on leur permettra d'approfondir certaines matières, pour que leur curiosité soit satisfaite.

En plus du saut de classe traditionnel, qui fait néanmoins débat, certaines écoles regroupent plusieurs années en une seule durant les primaires, voire permettent à vos enfants de suivre des cours dans plusieurs années. Il peut encore être proposé de commencer l'enseignement avant l'âge légal.

D'autres formules existent, comme des écoles spéciales qui sont testées dans certains pays, la scolarité à domicile et la possibilité de passer un jury. Notez toutefois que cette option risque de renforcer le sentiment de solitude de votre enfant, qui n'aura pas l'occasion d'être confronté à des jeunes de son âge. À vous donc d'évaluer avec votre enfant si cela est une option pertinente pour lui.

QUELS SONT LES SIGNES PERMETTANT DE REPÉRER UN ENFANT À HAUT POTENTIEL ?

Les signes qui permettent de repérer un « zèbre » sont très nombreux, mais dépendent quelque peu de l'âge de l'enfant. Vous devrez être attentif à différents signes selon que votre enfant a 2 ans ou déjà 6 ou 8 ans.

Certains signes sont plutôt liés à l'attitude de l'enfant par rapport au savoir, d'autres participent de la sphère relationnelle.

Du point de vue cognitif, observez si votre enfant apprend rapidement à lire et à parler, s'il s'intéresse à de nombreux sujets, est autodidacte et n'a donc pas besoin d'être poussé par l'école pour avoir envie de creuser un thème, s'il pose des questions existentielles de manière récurrente, etc. N'oubliez toutefois pas que ce n'est pas parce que votre enfant semble faire preuve d'une grande curiosité qu'il est automatiquement surdoué : il est important de faire la part des choses.

Du point de vue relationnel, voyez si votre enfant est très emphatique, épris de justice, s'il réagit fortement à toutes sortes de stimuli. Peut-être se sent-il en décalage par rapport aux jeunes de son âge, s'il a l'impression de raisonner différemment ?

DOIS-JE ABSOLUMENT RECOURIR À UN ACCOMPAGNEMENT PSYCHO-LOGIQUE POUR MON ENFANT ?

Le diagnostic est fortement conseillé. Les personnes diagnostiquées savent mieux gérer leur spécificité et se sentent reconnues.

Doit-on cependant s'investir davantage ? Voyez si votre enfant a du mal à s'adapter en famille, à l'école et avec son entourage de manière générale et s'il présente des troubles du comportement ou un quelconque signe de dépression.

Dans ces cas-là, où un certain mal-être est présent, cela vaut la peine de recourir à un psychologue pour que l'enfant puisse évacuer les tensions qui l'habitent, repérer ses qualités et mieux gérer ses relations.

Nul besoin de dramatiser ce besoin d'un tiers pour aider votre enfant à bien vivre au quotidien. Il n'est pas toujours aisé d'identifier soi-même ce qui ne fonctionne pas ou de se confier à ses proches, par peur d'être jugé(e). Soyez tout de même à l'écoute de votre enfant s'il vous dit qu'il n'apprécie pas son psychologue et osez en changer.

SI MON ENFANT EST SURDOUÉ, SES PARENTS ET FRÈRES ET SŒURS LE SONT-ILS AUSSI FORCÉMENT ?

Un enfant surdoué peut avoir des parents surdoués et des frères et sœurs qui le sont aussi, mais ce n'est pas systématique. Si tel est le cas, il y a de fortes chances que chacun vive sa douance à sa façon, entre le frère chahuteur en classe et la sœur complètement inhibée, par exemple.

Si vous avez des enfants non surdoués, faites bien attention à ne pas dévaloriser ces derniers en mettant sur un piédestal votre « zèbre ». Les uns ne sont certainement pas moins intelligents que les autres ; ils fonctionnent simplement différemment.

Observez bien les rapports qu'entretiennent vos enfants entre eux et les reproches qui reviennent le plus souvent pour réagir au plus vite, avant que du ressentiment ne viennent ternir leurs relations pour des broutilles. La douance ne doit être ni une fatalité ni une source de conflits ou de tension ; l'important est de trouver un équilibre pour la vivre sereinement.

DOIS-JE M'INQUIÉTER SI MON ENFANT NE FRÉQUENTE QUE D'AUTRES ENFANTS SURDOUÉS ?

Si un enfant surdoué se sent souvent en décalage avec son entourage, l'on peut comprendre qu'il soit soulagé de rencontrer enfin des enfants qui lui ressemblent et qui ne s'étonnent pas toujours de son mode de pensée.

Qu'il privilégie des êtres plus âgés et d'autres surdoués ne devient inquiétant que s'il se comporte véritablement mal avec des non-surdoués. Derrière un tel comportement peuvent se cacher des incompréhensions, des préjugés, voire de la haine suite à un événement blessant (maltraitance de la part de non-surdoués, professeur humiliant, etc.).

Le surdoué peut aussi avoir du mal à s'accepter lui-même et avoir peur d'être rejeté par les autres, il n'y a donc pas forcément de la haine derrière son attitude.

Surtout, pas de jugement hâtif ! Le tout est de communiquer vos appréhensions à votre enfant et de faire ressortir ce qui le pousse à écarter les non-surdoués.

LORSQUE L'ON EST SURDOUÉ, EST-ON FORCÉMENT SUJET À LA DÉPRESSION ?

Être surdoué n'entraîne pas forcément une dépression, mais il y a un risque accru dès lors que l'on se sent en décalage avec la société, que l'accompagnement pédagogique est faible, que l'on se pose des questions existentielles à longueur de temps, ou que l'on n'ose pas révéler aux autres qui l'on est véritablement, de peur d'être rejeté(e).

La dépression peut être légère, modérée ou profonde ; si elle est constatée ou pressentie, cela vaut véritablement la peine de se faire suivre par un psychologue. Ne minimisez jamais la dépression de votre enfant. Au contraire, sachez le soutenir et faire des recherches sur cette maladie pour mieux la comprendre.

Votre avis nous intéresse !
Laissez un commentaire sur le site de votre
librairie en ligne
et partagez vos coups de cœur sur les réseaux
sociaux !

POUR ALLER PLUS LOIN

SOURCES BIBLIOGRAPHIQUES

- BLÉANDONU (Gérard), *Les enfants intellectuellement précoces*, coll. « Que sais-je ? », Paris, PUF, 2004.

- Fédération Wallonie-Bruxelles, « Hauts potentiels – espace tout public – les aspects de la scolarité », in *enseignement.be*, consulté le 15 septembre 2017. http://www.enseignement.be/index.php?page=25014

- KERMADEC (Monique de), *L'enfant précoce aujourd'hui. Le préparer au monde de demain*, Paris, Albin Michel, 2015.

- MAILLARD (Catherine), *La gestion mentale, voyage au cœur des émotions*, Lyon, Chronique sociale, 2007.

- PAPOUTSAKI (Pélagie), *Enfants surdoués, enfants créateurs ?*, Paris, L'Harmattan, 2006.

- REYNAUD (Alexandra), *Les tribulations d'un petit zèbre. Épisodes de vie d'une famille à haut potentiel intellectuel*, Paris, Eyrolles, 2016.

- REVOL (Olivier), POULIN (Roberta) et PERRODIN (Doris), *100 idées pour accompagner les enfants à haut potentiel*, Paris, Tom Pousse, 2015.

- VAINEAU (Anne-Laure), « Enfant précoce, surdoué. Faire de sa différence une richesse », in *psychologies.com*, consulté le 15 septembre 2017. http://www.psychologies.com/Famille/Enfants/Apprentissage/Articles-et-Dossiers/Enfant-precoce-surdoue-faire-de-sa-difference-une-richesse

SOURCES COMPLÉMENTAIRES

- AKOUN (Audrez) et PAILLEAU (Isabelle), *Vive les Zatypiques ! Aidons nos enfants surdoués, hypersensibles, dys- et autres zèbres de 3 à 20 ans à s'épanouir*, Paris, Leduc.s, 2017.

- AUTAIN-PLÉROS (Elsa), *Je suis précoce et mes parents vont bien*, Lyon, Chronique sociale, 2009.

- BOSSI CROCI (Sébastien), *Funambule. Mon parcours d'enfant à haut potentiel*, Paris, Tom Pousse, 2015.

- DROEHNLÉ-BREIT (Corinne), *L'adolescent surdoué. Le miroir du zèbre*, coll. « Parentalités », Louvain La Neuve-Paris, De Boeck Supérieur, 2012.

- GAUVRIT (Nicolas), *Les surdoués ordinaires*, Paris, Presses universitaires de France, 2014.

Éditeur responsable : Lemaitre Publishing
Avenue de la Couronne 159 | BE-1050 Bruxelles
info@lemaitre-editions.com

ISBN ebook : 978-2-8080-0566-1
ISBN papier : 978-2-8080-0567-8
Dépôt légal : D/2017/12603/821
Photo de couverture : ©Myst – Fotolia.com

Conception numérique : Primento,
le partenaire numérique des éditeurs.